卡那卡那富族｜民族植物

劉正元、邱碧華　著

國立高雄師範大學語言與文化學士原住民專班

目次表

第一章
緒論

// 學習目標

一、卡那卡那富族介紹

二、高雄市那瑪夏區介紹

第一節　前言

　　本書從民族植物學（ethnobotany）的角度出發，檢視卡那卡那富族對於周遭植物的使用，以及這些植物與當地人群、社會和文化之間如何互動的過程？

　　內容除介紹卡那卡那富族的社會文化背景外，提供十種卡那卡那富族主要植物來做個例深入說明及分析，當地植物田野調查時間為期近兩年（2018-2020）。教材主要提供大學相關系所如文化人類學、原住民族動植物等課程使用。章節安排方面，第一章緒論，討論民族植物學的定義及相關文獻研究，另外，作者將說明並介紹卡那卡那富族之地理位置、社會文化脈絡背景等基本資料；第二章將以十種卡那卡那富族之民族植物

為例，以扼要的語言使學習者得以一窺植物與社會文化間的關係。每種植物並設計幾題思考題提供討論，以加深學習者之印象，擴大思考廣度及深度；第三部分為結論，歸結討論內容作結論，讓讀者理解全書之菁華，並進一步激發學習者對於民族植物的概念及興趣。

第二節　卡那卡那富族介紹

　　卡那卡那富族於 2014 年 6 月被官方正式正名為臺灣第十六個原住民族族群。在此之前，荷蘭時期的《熱蘭遮城日誌》記載為：cannacannavo，1647 年荷領的番社戶口表出現「簡仔霧社」，當時登記有 37 戶 157 人，族內長老曾分別在 1648 年、1650 年、1654 年、1655 年參加北區地方會議，並與周邊的鄒族達邦社與布農族等互有來往。清代史料《臺海使槎錄》翻譯為簡仔霧社及干仔霧社。日治時期佐山融吉《蕃族調查報告書》仍沿用清朝的用法，稱為簡仔霧蕃。戰後被官方一直隸屬在鄒族的族群分類中，一直到 2014 年後才正式正名為卡那卡那富族。在文獻中曾出現的中文譯音分別有：「簡仔霧蕃」、「阿里山蕃（番）簡仔霧社」、或「干仔霧（霧）社」、「卡那布族」、「卡那卡那布」、「堪卡那福」等。

　　本族稱呼「人」為 Cau，自稱 Kanakanavu，主要人口集中在高雄市那瑪夏區的達卡努瓦里及瑪雅里，根據官方人口的正式統計資料顯示，目前僅有 301 人。[1] 本族居住地理位置位

1　高雄市政府民政局原住民族人口統計：https://cabu.kcg.gov.tw/Stat/

於楠梓仙溪兩側，海拔約在 500-900 公尺之間，以農耕燒墾和漁獵生活為主，傳統作物有小米、旱稻、糯稻、番薯、芋頭、玉米等。狩獵為男性為主，狩獵期間為每年秋季至隔年春季之間，另外捕魚有刺、網、釣、毒、圍渠等方式。

表 1-1　那瑪夏區人口統計

村里名稱	戶數	男性	女性	總數
達卡努瓦里	433	881	829	1,710
瑪雅里	217	398	411	809
南沙魯里	193	332	294	626
總計	843	1,611	1,534	3,145

資料來源：高雄市那瑪夏區戶政事務所，https://cishan-house.kcg.gov.tw/Content_List.aspx?n=A488FD7A8D2F5AAB，截至 2020 年 3 月底止人口統計資料。

Cakʉrʉ 聚會所是族人重要集會及祭儀場所，主要作為族人祭祀、政事、軍事、教育集會等公共用途，過去嚴禁女性進入，目前在瑪雅里及達卡努瓦里都各有一座 cakʉrʉ。服飾方面：男性服飾包含獸皮帽、大紅上衣、胸袋、腰裙、背心、皮披肩、皮套袖、皮革鞋、獵囊等，一般族人皮帽上插上老鷹羽毛及藍腹鷳羽毛 1-4 根，長老即可以插 5-8 根，具有鑑別社會階級功能；女性則有耳飾、頸飾、腕飾、胸鏈珠、頭巾、帽子、上衣、腰裙、膝褲等。

StatRpts/StatRptC.aspx，截至 2020 年 3 月底止人口統計資料，其中包含男性 168 名，女性 133 名，尚未申報者 61 名。瀏覽日期：109 年 4 月 24 日。

　　傳統男性名字有 Akori、Avia、Una 等 17 種；女性則有 Akuan、Kai、Vanau 等 16 種；目前漢姓有蕭、鄭、翁、彭、江、楊、鍾、王、余、蔡、孔、范、藍、施、陳、金、謝等 17 個家族，傳統以長老會議為最高權力組織。

　　卡那卡那富族傳統信仰有 tinaravai 靈界說，其中在右肩者為善靈（incu）；左肩者為惡靈（'ucu）。祭儀部分分為三類：分別是與小米有關的祭儀；其次是獵祭、敵首祭；最後是以家族為單位的河祭及嬰兒祭。現在族人每年舉行米貢祭（mikong）及河祭。

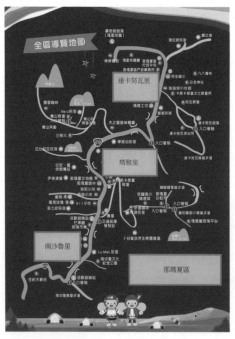

圖 1-1　高雄市那瑪夏區地圖
圖片來源：全國旅遊時報網站，網址：http://www.z98737406.tw/?p=107142。邱碧華 2020 年 5 月改繪。

第三節 體例說明

一、原住民族羅馬字是以教育部 2005 年 12 月 15 公告之書寫系統做標準。文中族語拼音是照報導人所提供發音為準，若是報導人不確定的部分，才參照原住民族語言線上詞典記錄。

二、原住民族羅馬字記錄方式，一般名詞（例如食物、工具、祭典）是用羅馬字／小寫／正體字呈現；專有名詞（例如族群名、人名、地名、神靈名）是用羅馬字／大寫／正體字呈現。

三、族語羅馬字與華文首次同時並存時，以華文（族語拼音）呈現。第二次在書中出現時，則單獨以華文或族語羅馬字擇一呈現。

四、因族語拼音受時空背景因素影響，每個時期拼法可能不同，引用文獻時以尊重原作者為原則，書中採用與原作者相同的羅馬拼音呈現。

// 問題討論

一、卡那卡那富族分布在哪裡？請簡述一下他們的生活方式、社會組織、服飾及祭儀種類。

二、那瑪夏區現在主要有哪些族群人口居住？

第二章
民族植物學定義及臺灣原住民族
民族植物研究

// 學習目標

一、民族植物學定義
二、臺灣原住民族民族植物研究

第一節　民族植物學定義

　　「民族植物學」（ethnobotany）這個名詞的出現大約源於 19 世紀末，是由當時美國賓州大學（University of Pennsylvania）的植物學家 J. M. Harshberger（1896）所提出。[1] 他採集了北美西南地區古植物的考古遺跡進行檢驗，考證植物的起源，另外，Harshberger 透過原住民對於植物的利用情形，包含服飾、食物及住房材料等，具體闡述原住民的文化內涵，揭示植物的分布和傳播的歷史過程，並確定古代貿易的路線，他將自己的研究稱之為民族植物學（ethnobotany）研究。

---

[1] Harshberger, J. W., "The Purpose of Ethno-botany." *American Antiquarian*, 17(1896): 73-81.

民族植物學其中一支的研究偏重於植物學取向的研究，例如栽培植物的物種起源與保存，特別是人類如何馴化野生植物的過程，著名的研究包含對於南美洲印加文明（Incas）的植物基因保存（Niles, 1987；Yacovleff & Herrera, 1934）[2]；中國民族植物的起源探究（Anderson, 1988）[3]；古希臘、羅馬和伊斯蘭帝國的植物調查（Ambrosoli, 1997）[4]等。相對地，民族植物學另一個研究取向則著重於植物與人之間的關係。H. J. Jones 對民族植物重新定義，認為民族植物學不僅是著眼於原住民如何利用植物，還應包含人類如何適應於周遭的環境？以及人類的經濟活動、思想行為等是如何受到植物影響？[5]

後者的討論比較接近人類學的討論，闡述了人和環境植物如何相互影響？包括人類對於周遭植物的利用以及這個過程對人類產生的作用，著名的例子是生態人類學家 Julian H. Steward 在美國西南區休松尼印第安人研究的例子。[6] 當地人除

2　Niles, Susan A., *Callachaca: Style and Status in an Inca Community*. (Lowa City: University of Iowa Press, 1987). Yacovleff, E. & F. L. Herrera., *El Mundo Vegetal de los Antiguos Peruanos*. (Lima: Museo nacional, 1934).

3　Anderson, E. N., *The Food of China*. (New Haven: Yale University Press, 1988).

4　Ambrosoli, Mauro., *The Wild and the Sown: Botany and Agriculture in Western Europe, 1350-1850*. (Cambridge: Cambridge University Press, 1997).

5　Castetter, E. F., "The Domain of the American Naturalist." *Naturalist*, 78:(774)(1944): 158-170.

6　Julian H. Steward 原著、張恭啟譯，《文化變遷的理論》（臺北：允晨文化，1993）。

了會集體狩獵及採集松果或其他穀類作為主要糧食外，他們也會以一個族群的重要食物來命名，例如吃松果者、吃穀粒者等，用來區隔不同的團體；如果遇到遷移的情形，則以新地區的食物食用者命名。換言之，植物不只是作為食物而已，同時也反映了一群人的命名方式。

第二節　日治時期臺灣原住民族民族植物研究

　　日治時期臺灣總督府約在 1900 年後展開對原住民族的社會與文化，並出版各族群的臺灣蕃族調查報告書，成果豐碩。日治時代的民族植物研究多與臺灣南島民族的人類學調查有關，有名的例子像是森丑之助提及他到排灣族文樂社時，觀察到「蕃人所種的草花，專供編串花冠之用。」（2012：233），[7]並看到檳榔、榕樹、竹子、相思樹、毛柿等植物，他在民族誌中描述了這些植物與族人生活間的關係：「由於某種原始信仰，蕃社種很多榕樹，他們也種竹子和相思樹。相思樹主要的是做為薪材或燒成木炭。因為嚼食檳榔子，蕃社種了很多檳榔樹……」（2012：233-234）。鳥居龍藏也提到他 1900 年 3 月到南部平埔十二社的響潭社時，[8]觀察到平埔族會種植椰子樹，並

7　森丑之助原著，楊南郡譯註，《生蕃行腳：森丑之助的台灣探險》（臺北：遠流，2012）。

8　鳥居龍藏原著，楊南郡譯註，《探險台灣：鳥居龍藏的台灣人類學之旅》（臺北：遠流，2012）。

會在祭典裡,「蕃女用椰子製成的杓子舀酒給客人。這種杓子附有樹枝一般的把柄,柄上插滿羽毛以象徵樹葉。」(2012：310),而且比較下,「漢人把椰子樹稱為山過貓,習慣上不喜歡椰子樹。」(2012：311)。鹿野忠雄探討植物與族群遷徙歷史之間的關係時指出:「麵包樹、番龍眼、臺東漆、絲芭蕉、相思樹及薯蕷這六種植物,在臺灣島原住民族所擁有的同類中不過佔極小的部分,但是我以為這些植物所提供的意義卻非常的大。」[9]

第三節　戰後臺灣原住民族民族植物研究

　　戰後對於臺灣原住民民族植物研究,在研究方法及主題上有下列幾種途徑。(一)質性研究的途徑:以田野調查方式探求植物在當地文化生態系統中的角色、功能及意義;(二)量化研究的途徑:以問卷方式,統計植物在各原住民族內的運用及成為知識來源的過程;(三)文化商品的運用探討:這種方式比較偏好民族植物知識的應用情形,特別是與文創商品結合的實務。三種途徑的代表研究分述如下。

　　首先,鄭漢文、呂勝由(2000)的《蘭嶼島雅美民族植物》一書中,[10] 羅列了達悟族正名前蘭嶼島上九類植物,包含食物、服飾、住屋、漁具、祈福、驅靈、醫學、柴薪、飼料、

9　鹿野忠雄,〈台灣原住民族於數種栽培植物與台灣島民族史的關聯〉,《人類學雜誌》,56(10)(1946),頁552-528。

10　鄭漢文、呂勝由,《蘭嶼島雅美民族植物》(臺北:地景,2000)。

生活用具等，其中特別提到建造大小型拼板舟所需的植物類型如蘭嶼福木、臺東龍眼、蘭嶼赤楠用在船底龍骨；船舷板則使用質地較輕的麵包樹、臺灣膠木等；小葉桑的薪材則可以做成木釘；蘭嶼花椒根部白色纖維則作為填補船縫的材質。如此一來，這些植物的使用反映了族人的工藝技術和智慧。

　　另一個類似的例子見於鄭漢文、王相華、鄭惠芬、賴紅炎撰的《排灣族民族植物》（2004），[11] 書中檢視了超過兩百種以上的植物及其族語發音方式。作者指出這些植物與飲食、生活空間、信仰、神話傳說、住居、服飾、器物、歲時祭儀、漁獵、育樂、醫療、農業、夢兆及禁忌等面向的關係，例如族人夢到芋頭、番藷、南瓜是獵獲大野豬的吉兆；用擬人方式看待植物，將植物分為雌（vavayan）、雄（uqaljai/ualjai）兩類；許多地名也跟植物有關：如臺東太麻里的羅打結社（lupaqadj）的地名是指過溝菜蕨很多的地方；新吉村地名稱為 vangas，指苦楝的意思。最後，作者們也指出：排灣族與古南島語有不少同源的植物詞語：如樹（kasui/kasiw）、竹子（qau/qaug）、黃藤（quay/quay）、甘蔗（tjevus/tevus）、稻（paday/paday）等。

　　其次，學界也有從量化的途徑研究臺灣原住民族植物，以林冠岳（2009）的碩論為例，[12] 他採取量化、搭配質性訪談的方式去了解西魯凱群民族植物傳承情形與變遷，並以（一）魯凱

---

11 鄭漢文、王相華、鄭惠芬、賴紅炎，《排灣族民族植物》（臺北：農委會林試所，2004）。

12 林冠岳，〈臺灣原住民的民族植物知識傳承與流失：以魯凱族西魯凱群為例〉（高雄：國立高雄師範大學環境教育研究所碩士論文，2009）。

族人觀看植物經驗；（二）使用植物經驗；（三）學習植物名稱
與傳統用途學習來源（含中文學習來源、族語學習來源、植物
傳統用途學習來源）等面向進行問卷調查及分析，結果發現：
族人對植物認識仍局限在五節芒、番蝴蝶、腎蕨等常見植物；
中文名稱學習來源為大眾媒體；族語名稱學習來源為家庭內成
員。

　　最後，部分學者將民族植物相關研究成果轉換為文化創意
產業，例如陳合進、陳柏霖（2013）將布農族傳統對於藤、
麻、木、竹、獸皮等天然纖維材料，及色彩、圖騰的文化元素
運用，轉換成現代背包等文創商品。[13] 這種途徑的研究不僅讓
讀者一窺布農族文化內涵，同時也可以延續布農族傳統技藝方
式及創造新的活力。

∥ 問題討論

一、民族植物學的定義為何？討論的主題有哪些？

二、請舉出任一關於卡那卡那富族的植物研究，並說明之。

---

13 陳合進、陳柏霖，〈天然纖維材質布農族文化背包之設計〉，《林產
　工業》，34（2）（2013），頁 227-236。

第三章
卡那卡那富族民族植物

第一節　Vina'u　小米

// 前言

　　聽到小米，第一個聯想到的就是，加很多很多糖甜到極致的小米粥，還有就是原住民最會釀造的小米酒，再來就是這兩年在巷口、街道旁熱賣的小米甜甜圈。進到卡那卡那富族部落，和我原先的想像完全不同，以為會看到滿滿的小米田，可是連一塊小米田也沒看到，究竟小米田是否已經消失了呢？那小米酒還存在嗎？

// 學習目標

一、小米的神話傳說
二、小米酒釀製過程
三、小米的相關祭儀背景

壹、小米的神話傳說

　　小米的族語是 Vina'ʉ，對卡那卡那富族族人而言，不僅是主食、最具代表性的傳統作物，更是神聖的作物。日本大正 4 年（1915）《蕃族調查報告書》記載一則與小米有關的神話：地神（Tamu 'nai）贈送小米種子給族人的神話傳說，作者佐山融吉在書中如此描述：過去，有一個男性族人因為肚子餓，到野外挖尋山芋等食物，意外挖掘出一個大洞，男性族人好奇往洞內探查看看，偶然遇到地神，地神拿出小米做的麻糬款待男性族人，他感覺美味極了，地神說明麻糬是小米（Vina'ʉ）所製做的，男子請求地神給他小米種子帶回去種植，地神毫不猶豫答應，給男子各種的種子，有小米（vina'ʉ）、大角豆（nʉpʉʉnʉpʉ）、以及樹豆（naumai）等種子，族人很高興地帶回部落耕種。[1] 由上述神話可以得知，小米在卡那卡那富族具有特殊意義，它不但是神聖的、是美味的、更是珍貴的食物。神話中小米麻糬，即是族人口中的 pepe。

貳、小米酒釀製

　　佐山融吉寫下百年前卡那卡那富族釀製小米酒的方法，先將小米加水蒸煮熟後，放入酒甕中，取部分蒸熟的小米放入口中咀嚼，再吐到酒甕中，混合口水的唾液酶成分來發酵，靜置

1　佐山融吉著、中央研究院民族學研究所編譯，《蕃族調查報告書・第三冊，鄒族　阿里山蕃　四社蕃　簡仔霧蕃》（臺北：中央研究院民族學研究所，2015），頁 214。

三至四天就可以釀製成小米酒。[2] 田野調查訪談得知，釀製小米酒的過程，有以下諸多嚴格的禁忌。如果族人違犯下列禁忌，釀製的小米酒會變酸變質，這些禁忌至今仍被族人遵守：

一、必須由女性釀酒：部落族人說，能夠釀製小米酒的人，一定是族中女性，最好是族中的女性長輩，男性是不能釀製小米酒。酒甕上要覆蓋姑婆芋的葉子當蓋子，採摘葉子也只能女性負責，否則酒會變酸變質。[3]

二、釀酒過程不能讓其他人看見，特別是懷孕的女性：釀製小米酒過程中，必須在屋中比較隱密的小房間釀酒，釀酒過程不能讓其他人看見，特別是懷孕的女性，報導人翁坤特別強調說絕對要遵守這項傳統禁忌，否則會招來禍害。[4]

三、負責釀酒的女性，不能吃酸性食物，否則酒會變酸：翁范秀香解釋說她的外婆要釀酒前幾日，絕對不吃味道酸的食物，像是橘子、鳳梨等味道偏酸的食物。以前的人口嚼小米來發酵釀酒，據說吃了味道酸的食物之後，嘴裡會殘留酸性食物的酸味，之後再咀嚼小米吐到酒甕中釀酒，連帶會把嘴裡殘留酸性食物的酸味吐到酒甕中，讓酒甕裡的酒變酸，釀出來的小米酒就不好喝了。[5]

四、釀酒的時間點：釀製小米酒的時間，大多是配合節慶，不

2　佐山融吉著、中央研究院民族學研究所編譯，《蕃族調查報告書・第三冊，鄒族　阿里山蕃　四社蕃　簡仔霧蕃》，頁 189。

3　闕妙芬，〈江朱樹蘭訪談稿〉（2018 年 8 月 5 日，未刊稿）。

4　闕妙芬，〈翁坤訪談稿〉（2018 年 4 月 23 日，未刊稿）。

5　張懷謙，〈翁范秀香訪談稿〉（2018 年 4 月 23 日，未刊稿）。

會因為自己想喝酒，就隨意釀酒飲用。釀酒的目的是慶祝祭典、打獵豐收歸來、及家族重要聚會，藉釀酒讓族人們慶祝，加上前文提及，小米為卡那卡那富族珍貴、神聖的食物，相對之下小米酒對卡那卡那富族而言，也是非常珍貴的飲品，是族人用來慶祝的神聖飲品。

參、小米的相關祭儀

目前尚保留且的相關祭儀以開墾祭、播種祭、米貢祭為主，說明如下：

一、開墾祭（ma'anai）：王嵩山等人合著的《臺灣原住民史‧鄒族史篇》書中整合佐山融吉（1915）與林衡立（1963）的資料，詳細說明開墾祭的儀式內容：[6]

收藏祭終了後就進入新的一年。在新年的第一個月快要結束的時候舉行 ma'anai。屆時，各家的男女於凌晨的時候到開墾預定地（taka-uma-uma）上，找一塊小面積的土地，斬除茅草與清理土地。

二、播種祭（mituaru）：進行時間約有三天，佐山融吉《蕃族調查報告書》概敘播種祭的儀式過程與內容：[7]

---

6 王嵩山、汪明輝、蒲忠成，《臺灣原住民史‧鄒族史篇》（南投：臺灣省文獻委員會，2001），頁 345-346。

7 佐山融吉著、中央研究院民族學研究所編譯，《蕃族調查報告書‧第三冊，鄒族　阿里山蕃　四社蕃　簡仔霧蕃》，頁 175。

利用一日的時間燃燒耕地的所有野草。第二天休息。第三天清早，男女一同攜帶少許粟種前往田地，將粟種播在約六尺見方的祭田（'umousu），然後返家。此日不飲酒，次日起，開始全面性的播種活動。

三、米貢祭（mikong）：舉行的時間，大約在陽曆十月左右，代表一年的結束，以此慶祝小米收成，並且全族共同在男子會所 cakuru 舉行。用意在慶祝小米收成與入倉儲存，其中最重要的祭品即是小米做成小米黏糕（pepe）。

‖ 文化小字典：主食習慣的改變

百年前日本人統治臺灣後，日本人強制改種水稻，族人的飲食習慣慢慢由此改變，主食由小米、芋頭、地瓜為主食，漸變成以米為主食。到國民政府時期，又特別推廣水稻的耕作，卡那卡那富族族人紛紛改種水稻，族人的飲食習慣已經大幅改變，從小米改變為以稻米為主食。

‖ 小結

小米是卡那卡那富族的主食之一，不但可製成 pepe，還可以釀酒，在族人們的心中為最神聖的作物，也因此衍生出豐富的傳說、儀式等文化。透過傳統祭儀，讓部落的孩子跟著老人家一起學習，讓老人們的傳統智慧得以代代相傳，更透過祭

典，讓傳統的母語、歌謠得以延續，也藉由這樣的凝聚力團結族人，延續全族的傳統文化。

圖 3-1　小米

∥ 問題與討論

一、小米在卡那卡那富族的族語名稱為何？另外，釀小米酒的
　　禁忌為何？試說明之。

二、小米在卡那卡那富族的傳統祭儀中扮演哪些功能及角色？
　　試說明之。

第二節　Taruvuku　山棕

// 前言

　　山棕在臺灣是很常見的植物，生長在低海拔的山區和溫暖潮濕的溪谷或山麓地帶，它的外觀特徵是莖幹矮短、叢生，高度約 1-3 公尺不等。住在甲仙、小林等地的大武壠族人會將山棕根部毛狀外衣取下，編成扇狀掃把，另外，山棕嫩心可以煮湯，成熟的山棕果實可以直接食用，甚至吸引一些野生動物如果子狸。每年山棕果實成熟時，大武壠族獵人會在山棕叢中布置陷阱準備狩獵。[8] 在卡那卡那富族部落溪流旁、潮濕的山麓地帶，均可看到為數不少的山棕，族人是如何運用山棕呢？與甲仙、小林等地的大武壠族人使用上有何差異呢？

// 學習目標

一、山棕在日常生活的運用
二、山棕雨衣的製作方式

8　徐銘駿編，《種回小林村的記憶》（高雄：日光小林社區發展協會，2018），頁 104。

壹、山棕在日常生活的運用

　　山棕的族語為 taruvuku，在卡那卡那富族它的用途和他族有很大的不同。實地訪談得知，通常由男人負責去採山棕葉回來，葉子不必曬乾趁新鮮時，即由婦女負責編織成雨具，以備雨天外出農耕、打獵時使用。[9] 2018 年作者們在一次田野調查期間，在達卡努瓦小吃店看到門口掛著一件尚能使用的山棕雨衣；另外在香菇寮住家旁的樹上，發現一件葉子已萎縮無法使用的雙層式編織山棕雨衣，由此可見部落裡此項編織工藝仍未式微，也可能仍有人維持著傳統雨具的使用。

　　山棕成熟的果實小動物很愛吃，每年果實成熟時，獵人會依動物的特性，在山棕叢中布置陷阱，以果實來誘捕果子狸等小型動物動物。[10]

貳、山棕雨衣的製作方式

一、準備工作

　　（一）先確定要穿此件雨衣的人他的身高，採集適當長度的山棕葉，葉柄長度約為從頭頂到小腿的長短即可。

　　（二）到河邊或山麓採集。

　　（三）工具：鐮刀。

9　邱碧華，〈藍林鳳嬌、謝林春里、施澎梅訪談稿〉（2018 年 4 月 22 日，未刊稿）。

10　邱碧華，〈翁博學訪談稿〉（2019 年 8 月 17 日，未刊稿）。

二、採集山棕葉

　　到達目的地，選定一棵茂盛的山棕後，用鐮刀將葉子砍下，切記要選葉脈較密的葉子，編成雨衣時才不會漏水。

三、編織程序

　　（一）將採回來的山棕葉疊放在一起，比較後找出兩根長度相仿的山棕葉，其餘放置在一旁，待編織不同大小的雨衣。

　　（二）剪去無葉脈的前端部分，此部分用不到。

　　（三）將前兩葉脈以任意結固定，結要打緊才不會鬆開，此端是要放在頭頂上，將雨衣穿在身上時可以此結卡住，讓雨衣不會滑落到地上。

　　（四）翻到背面，將兩根山棕葉擺放成正 V 字型，從打結後的第一片葉脈開始編織，每一片葉脈都不可漏掉，兩邊的葉子採一上一下交叉方式編織，在編織時要注意調整寬度、鬆緊度，太寬鬆時會影響遮雨效果。這可是非常考驗眼力和手指靈活度的細活，編織的過程中還要小心別讓銳利的葉緣割傷。

　　（五）全部編織完成後還要再一次調整緊密度，讓葉脈間的空隙減到最少，減少使用者被雨淋濕的機會。在調整時還要注意若有漏掉未交叉的葉脈或上下交叉順序有錯誤的，都要加以調整。

　　（六）同一方式編織到最後剩下三、四片葉脈時，即可停止編織，然後在末端打結固定，避免前面的編織又鬆散開來。打結的樣式並沒有特別規定，只要能固定不鬆開的都

可以，整件單層式山棕雨衣編織至此全部完成。通常為了要有較好的遮雨效果，會採用雙層或三層式編織。

參、山棕的社會文化功能

山棕在祭典中也扮演重要角色。舉辦河祭當天男人會穿著山棕雨衣參與。因為男人的族服為紅色較為醒目，穿著雨衣具有遮蔽效果，不好的東西就不會跟來；[11] 待河祭結束時，族人會脫下山棕雨衣以疊石壓著放在河邊，具有標示河段的作用，主祭會告知河神，此一河段就是今年卡那卡那富族要捕魚的河段，族人不會超出此範圍捕魚，請河神特別保護族人的安全與捕到足夠的魚。[12] 另外，在其他重要祭典時（如米貢祭）它也會用來作為裝飾之用。作者參與 2018 年米貢祭時，看到要進入瑪雅 cakuru 前的步道兩旁都綁上山棕葉，cakuru 的下方亦插了滿滿的山棕葉，問過族人才知道這是用來裝飾的。

∥ 文化小字典：河祭

傳統的河祭是家族活動，舉辦時間大約在每年 8、9 月颱風過後，溪水豐沛期間舉行，由家族長老邀集家人攜帶米飯前往楠梓仙溪流水落差大的地方，長老以口嚼米後灑入河中，此為祭河神之意，再由男子以魚網捕抓逆流跳躍的大魚，捕抓足

---

11 邱碧華，〈翁博學訪談稿〉（2019 年 9 月 17 日，未刊稿）。
12 原住民族電視臺，族語新聞。檢索日期：2018 年 9 月 26 日。網址：https://www.youtube.com/watch？v=PBeG_3qr4Qw&t=93s。

夠的數量後，取一部分煮食共享，其餘由長老平均分配給參加的人後活動即結束。傳統河祭偏重在強調共享精神，沒有繁複的祭典儀式，但 1950 年代左右即中斷。1996 年恢復舉辦，現在已逐漸成為部落集體的祭典活動。祭典目的主要是稟報河神，祈求庇佑族人，能捕獲足夠的魚蝦，且在捕魚過程中能安全無虞。傳統上捕魚是男人的工作，因此河祭僅限男人參與。

∥ 小結

山棕主要是製作山棕雨衣及重要祭典時使用。雨具製作取材於自然植物，採用新鮮 taruvuku 編織，從編織完成一直到葉子乾掉萎縮，無法擋雨時，回歸自然界化為肥料，滋養大地，沒有汙染環境的問題，表現出對大自然的保護與尊重。每年的家族河祭時，男丁會穿著山棕雨衣參與祭典，在河祭儀式結束時，也會以此雨衣標示此一河段為該家族的捕魚河段，祈求河神保護在該區段捕魚的安全無虞，以及能捕到足夠的魚類；另外，在其他重要祭典時（如米貢祭）它也會作為裝飾之用。

圖 3-2 （左）山棕；（右）編織山棕雨衣

∥ 問題與討論

一、山棕在卡那卡那富（族）的族語名稱為何？山棕製作雨衣
　　的流程為何？

二、山棕在河祭及米貢祭時分別有哪些作用？試說明之。

三、山棕在大武壠族及卡那卡那富族的用途有差異嗎？如果
　　有，差異為何？

第三節　Tuvusu　甘蔗

‖ 前言

　　《本草綱目》中記載甘蔗能夠去咳化痰、利尿、養顏美容，但並未特別限定品種。現代似乎最常看見白甘蔗的地方，是各式的甘蔗茶攤，一捆捆的白甘蔗，工作人員熟稔的將一段段的甘蔗，置入機器中，壓榨出甜甜的甘蔗汁，再佐以不同的茶湯，調製出一杯杯清涼蔗香茶飲。在卡那卡那富族甘蔗的族語稱做 tuvusu，在部落裡放眼望去在看似雜亂的菜園中，常常就能見到它們的身影。老人家說他們以前在田裡工作時，想要吃甘蔗隨手砍下就吃了，根本不必用刀子削皮，直接用嘴巴啃咬去皮，可見卡那卡那富族人早期是用這麼豪邁的方法吃甘蔗呢！究竟甘蔗在當地的實際功用及意義是什麼呢？以下我們將一一介紹。

‖ 學習目標

一、甘蔗的名稱及分類
二、甘蔗的日常生活運用

壹、甘蔗的名稱及分類

甘蔗的卡那卡那富族族語稱做 tuvusu，族人會依照顏色而有不同的名稱，區分成黑甘蔗、綠甘蔗、紅甘蔗三種。黑甘蔗（tuvusu ta'urum）純粹作為食用用途，綠甘蔗又區分成兩種，一種為 tuvusu kacaningan，除傳統食用外也可用來製糖，tuvusu tavacuku 質地很硬，是專門用來製糖的；紅甘蔗（tuvusu masinang）除了傳統吃的用途外，跟茅草（ru'u）加在一起水煮來喝，可以治療因麻疹伴隨而來的高燒。[13]

貳、甘蔗與祭典、歌謠

耆老蔡能喜在書中受訪時表示卡那卡那富族人先將甘蔗切成一段段，放在大鍋裡煮一煮，將甘蔗撈起後，留在鍋子裡的甘蔗水繼續加熱，直到水分煮乾後，留下來的結晶就是黑糖，他們不用到平地買糖，自己就能製作。[14]

Tuvusu masinang 除了食用外，還具有醫療用途。我們在田野訪談 Mu'u 等多位耆老，他們一起回憶過往討論後很明確的說：早期小孩因麻疹發高燒，大人就會將 ru'u 和 tuvusu masinang 放在一起加水煮成湯，讓孩子喝，能解熱退燒，[15] 時

---

13 邱碧華，〈翁坤、翁范秀香、江朱樹蘭、江秀菊、鍾梅芳訪談稿〉（2018 年 4 年 23 日，未刊稿）。

14 蔡恪恕，〈原住民族語料與詞彙彙編 南鄒卡那卡那富語期末報告〉（臺北：行政院原住民委員會委託，2001），頁 162-163。

15 邱碧華，〈翁坤、翁范秀香、江朱樹蘭、江秀菊、鍾梅芳訪談稿〉（2018 年 4 年 23 日，未刊稿）。

至今日已有麻疹疫苗可以打，也就不再用這種方法來退燒。

參、甘蔗的社會文化功能

　　訪談時多位老人家都提到了甘蔗是很重要的作物，每年都要種，早期在住家旁邊就會隨意栽種，除了想吃就可以有得吃之外，每年米貢祭時一定要用到。下面文化小字典列舉「數月歌」為例，說明族人一年的農作活動和行事曆，包含從春天開始的開墾活動到秋天的米貢祭。米貢祭當日會將所有數月歌有唱到的農具和作物都擺在 cakuru 的廣場前，其中擺放甘蔗是表達豐收之意。[16] 推測應該是因為在小米播種時，甘蔗也會在同日種下，兩種作物收成時間，都落在 7、8 月間，米貢祭實際上就是小米收成後入倉的祭儀，因此族人說到甘蔗，就會說它具有慶豐收的意義。米貢祭時，甘蔗擺放的數量一定要是偶數，且要連根拔起的，但並不特別限定品種、顏色（綠的、黑的、紅的，任一種顏色都可以），通常是擺放兩根代表即可，數量不必多。[17]

　　部落裡每年春季舉行小米播種祭時，除了播種小米的種子之外，也會同時種下甘蔗。族人蔡能喜也提及播種小米時，同時要種下甘蔗，而且數量一如米貢祭時至少需要兩根。[18] 在部

16 邱碧華，〈藍林鳳嬌、謝林春里、施澎梅訪談稿〉，（2018 年 4 月 22 日，未刊稿）。

17 邱碧華，〈翁坤、翁范秀香、江朱樹蘭、江秀菊、鍾梅芳訪談稿〉（2018 年 4 年 23 日，未刊稿）。

18 蔡恪恕，〈原住民族語料與詞彙彙編　南鄒卡那卡那富語期末報告〉，頁 162-163。

落訪談時，有多位老人家都提及此事，且更進一步指出，在小米收成之後舉辦的米貢祭，甘蔗會放在 cakuru 前面展示，象徵豐收的意涵。

// 文化小字典：數月歌

數月歌即十二月令歌，採摘金線蓮時所唱的，以十二月令為首的工作歌，主要是規劃一年中每個月的農事工作重點，歌詞如下：[19]

Palitavatavali tolisina Palitavatavali tolis.

在採線蓮時，想到時間交替，聯想到整年的工作。

Ilu kacani ali tolisina ilu katsani ana tolis.

現在是一月，一月完了二月來，心想拿鐮刀。

Ilu kalusa ali tolisina ilu kalusa ana tolis.

現在是二月，二月完了三月來，心想準備乾芒草。

Ilu katulu ali tolisina ilu katulu ana tolis.

現在是三月，三月完了四月來，心想拿鋤頭。

Ilu kasepata ali tolisina ilu kasepata ana tolis.

現在是四月，四月完了五月到，心想著要播種。

Ilu kalima ali tolisina ilu kalima ana tolisina.

現在是五月，五月完了六月到，心想拿趕鳥具。

---

19 南部鄒族民歌〔台灣原住民音樂紀實9〕（臺北：風潮音樂，2001）。

Ilu kanuumuu ali tolisina ilu kanuumuu ana tolis.

現在是六月，六月完了七月到，心想拿魚具。

Ilu kapitu ali tolisina ilu kapitu ana tolis.

現在是七月，七月完了八月到，心想豐收。

Ilu kaalu ali tolisina ilu kaalu ana tolis.

現在是八月，八月完了九月到，心想釀酒、小米祭。

Ilu kasiia ali tolisina ilu kasiia ana tolis.

現在是九月，九月完了十月到，心想拿獵具。

Ilu kamane ali tolisina ilu kamane ana tolis.

現在是十月，十月完了十一月到，心想要收藏。

Aiiana 'isana tolisina aiian 'isana tolis.

十月完十一月到。

Mulavacu 'isana tolisina mulavacu 'isana tolisina.

現在已經到底了，期待明年的到來。

∥ 小結

　　甘蔗族語為 tuvusu，共有四種不同的品種。Tuvusu ta'urum 可供食用，tuvusu masinang 不僅可食用還可做為醫療用，tuvusu kacaningan 除食用外還可製糖，tuvusu tavacuku 通常只用來製糖。傳統上族人會在自家屋旁或菜園種上幾株 tuvusu，表示日常生活裡隨時都可能會用到，所以要種在方便取用的地方，這樣除了平日想吃就有得吃外，也能隨時提供製糖的重要原料，只要使用自家平日使用的鍋具，即可熬煮出讓食物更美

味的蔗糖。麻疹是個傳染力很強的疾病，若有孩子因麻疹發燒不退，就能很快摘採自家種植的紅色 tuvusu 連同 ru'u 煮水喝，讓孩子緩解不舒服並且達到退燒的效果。

　　Tuvusu 另一個重要的意義是象徵豐收，因為每年在小米播種時會一併種下，收成小米時，同時也是甘蔗的收成期，因此舉辦米貢祭時，會將連根拔起的甘蔗擺放在 cakuru 的廣場前，用以代表今年的豐收。

圖 3-3 （左）甘蔗；（右）播種祭要種的甘蔗

// 問題與討論

一、甘蔗在卡那卡那富族的族語名稱為何？另外，它在日常生活中的實際運用為何？

二、甘蔗在米貢祭中的擺放位置及數量為何？有何象徵意義？

三、數月歌中提到那些生活器具？

第四節　To'omaang　竹子

|| 前言

卡那卡那富族部落裡常常可以看到竹子，有一種尚待證實的說法是族名的由來與竹子有關。仔細看發現大小外觀並不一致，應該有許多不同的品種，同時生長在這地勢不高的山區裡。果然漫步在部落裡看到有幾間外觀老舊的竹屋，會不會正好看到有人在曬筍干？綁竹掃把、或是賣竹筍呢？這時腦子裡充滿對竹子各種運用的想像。訪談時不斷聽到年長的族人不斷重複著一句話「族人過去如果沒有種竹子，生活會過得很苦！」，這句話背後的社會和生態意涵究竟為何？

|| 學習目標

一、竹子在建築和食用上的運用
二、竹子的族語名稱

壹、竹子在日常生活的運用

在卡那卡那富族最常被運用的竹子為麻竹和桂竹。以下分別說明其使用方式。

一、麻竹：麻竹特色是叢生，竿高可達 20 至 30 公尺，竹竿直徑約 20-30 公分粗，竹節堅硬且不易劈裂，加上竹竿高直

的特色，是作為屋宅的梁或柱主要建材。麻竹竿直徑粗厚，因此族人常截取一小段麻竹竹竿，做為竹筒、竹杯等日常用品。麻竹筍體型是竹筍類別中最大，重量可達 3 公斤，它的外型呈圓錐狀，筍殼帶棕黃色，竹筍嫩時清甜爽口，族人常採摘可供食用，夏季的 6-8 月為竹筍盛產期，吃不完的麻竹筍族人會製成筍乾或桶筍保存或販售，是卡那卡那富族早期的重要經濟作物之一。

二、桂竹：桂竹竿高 8-22 公尺，竿徑粗約 5-14 公分，竹竿幼時有粉綠色光澤，老化後竹竿成棕綠色。桂竹對卡那卡那富族族人而言，民生用途很廣，舉凡食用、編織、建築、生活用品等皆可利用，如族人會利用桂竹的細竹枝（kapani ma'ura），綁成整捆後做成竹掃把。桂竹雖不如麻竹粗大，但彈性比麻竹佳，因此竹竿能夠作為屋頂或是外牆建材，例如卡那卡那富族的男子集會所（cakuru），屋頂就是以桂竹為骨架搭建而成，而達卡努瓦祭壇的各家族家屋，外牆就是以桂竹搭建而成。

桂竹竿因為彈性佳，族人也會將竹竿劈成細竹條後，編織成竹背簍、竹筐等用品。桂竹筍因為纖維較多，採收後容易老化，族人除了自己食用外，也會加工製成桶筍、筍乾、筍絲等。另外，桂竹竿內壁有薄膜，族人也會用來做竹筒飯、或裝盛風味餐菜餚的容器，具有原住民風格與特色。

竹籜是竹筍外表的包覆物，各種竹子都會有竹籜，它是用來保護幼嫩竹筍的，當竹子長大，竹節變長，竹籜包覆在竹竿上，自然就會脫落。竹籜因為具有不沾黏的特性，卡那卡那富

族族人們拿來當成餐盤，族人在米貢祭時用來裝盛小米黏糕
（pepe）、魚和山肉等。作者現場觀察 2018 年的米貢祭，各家
族先會在家屋中進行祭祀，之後拿竹籜裝盛小米黏糕、魚和山
肉等食物到其他家族的家屋互訪，作為禮物交換。除竹籜外，
米貢祭中也有族人用香蕉葉或姑婆芋葉裝盛食物，顯見族人運
用祖先傳統智慧就地取材。

貳、竹子與祭典的關聯

祭典時，族人會特別使用族語為 pupunga 的竹筒，但是
pupunga 不是一般提水用的竹桶，是祭典中用來裝小米酒或是
水的容器，現場觀察米貢祭時，各家族用 pupunga 裝小米酒，
倒酒在竹杯裡給來訪賓客飲用。小米開墾祭用 pupunga 裝小米
酒，在小米田奠灑祭酒，祈求這塊土地開墾後能豐收。[20] 開墾
祭之後的小米播種祭也會用到 pupunga。不同之處，是小米播
種祭在墾田播種工作完之後，族人會在田邊用 pupunga 裝水來
喝，因為播種祭當日不能飲酒。[21]

---

20 《臺灣原住民史　鄒族史篇》記述卡那卡那富族小米開墾祭的過
程，引述部分內容：「找一小塊面積土地，斬除茅草與清理土
地……並用酒灑在茅草根部，祈禱能夠豐收後回家。」王嵩山、
汪明輝、浦忠成著，《臺灣原住民史　鄒族史篇》（南投：臺灣省
文獻會，2001），頁 346。

21 《蕃族調查報告書》內容說：「Kanakanavu 小米播種祭在田邊喝水
象徵完工後休息，等待所種的作物發芽。雖然儀式當日不喝酒，
是因墾田播種工作而不能喝酒，但開墾祭過程嚴肅且具神聖意
義。」佐山融吉著、中央研究院民族學研究所編譯，《蕃族調查報
告書‧第三冊，鄒族　阿里山蕃　四社蕃　簡仔霧蕃》，頁 175。

　　當小米剛結穗時，族人擔心鳥雀來啄食小米，會以竹子製做趕鳥器，設置在小米田，拉動繩索牽引竹管和木板發出聲響而驅趕鳥類，藉此保護小米田免受鳥類啄食。舉行嚇鳥祭（mata'uru），進行嚇鳥的儀式，目的保護小米田免受鳥類啄食，維護辛苦的耕種成果。

∥ 文化小字典：竹子

　　卡那卡那富族有多達十種的竹子相關詞彙，試整理有關竹子的詞彙：

	中文名稱	族語名稱
1.	竹子（總稱）	to'omaang
2.	麻竹	kanavunavu
3.	桂竹	kapani
4.	刺竹	to'omaang nipokinti
5.	竹筍	civu'u
6.	做竹掃把的細竹	kapani ma'ura
7.	大的竹子	kapani taatia
8.	竹籤	rangapin
9.	竹筒	pupunga
10.	拉繩式趕鳥器	kuvu

製表：闕妙芬

// 小結

　　卡那卡那富族族語中，最多詞彙與竹子相關，多達十種的竹子相關詞彙，這些詞彙中，有許多與生活用品有關，可見竹子這項植物與卡那卡那富族有很重要的關係，竹子可以作為建材；竹筍可做為食用菜餚，也可製成竹筍販售；竹子的各部分可做各種用品，除了供日常使用，以竹子製作的竹掃把、竹筒、竹籮、竹杯、竹背簍、竹筐及小米田中的趕鳥器等，也是特定祭典中不可或缺的必備品。

圖3-4　（左）製作移動式嚇鳥板；（右）拉繩式嚇鳥板

// 問題與討論

一、試著舉出任一品種的竹子在卡那卡那富族的族語名稱為何？另外，竹子在日常生活中的實際運用為何？

二、竹子各個部位的用途分別為何？試說明之。

第五節　Tanuku, Conu　芋頭、姑婆芋

// 前言

　　說到芋頭，一般人可能聯想到芋頭相關的甜點，像是芋頭冰、芋頭蛋糕等，談到芋頭時卡那卡那富族的長者，卻像是掉入遙遠的記憶裡，這到底是怎麼回事呢？

　　姑婆芋的族語名稱為 conu，植株長得很像芋頭，在山區或者林間陰濕地都可以看到，因此被誤食的機率很大。在卡那卡那富族到處都能看到葉子超大的姑婆芋，筆者猜想一定是因為它具有毒性，不會被摘來吃，進而保護了它，但經過田野調查後得知姑婆芋在此地是具有實用價值及文化意義的植物之一。

// 學習目標

一、芋頭、姑婆芋的日常運用
二、芋頭的社會文化功能

壹、芋頭、姑婆芋的日常運用

　　芋頭對卡那卡那富族而言，是很重要的作物，芋頭的族語名稱為 tanuku，是重要的主食之一，佐山融吉的《蕃族調查報告書》明確說出卡那卡那富族的飲食習慣，是吃哪些主

食：「主要食物為粟、番薯、香蕉及芋頭等。」[22] 在族人們的記憶中，卡那卡那富族有一種黃芋頭，芋頭肉是黃色的，屬於野生的小芋頭，老人們稱呼為 katavang，可惜這種芋頭在卡那卡那富族幾乎絕種消失不見了，江梅惠說「這就是代表 Kanakanavu 的芋頭。」[23] 它的口感綿密、好吃，就是這個黃芋頭讓族人念念不忘，一直在想辦法希望能有機會成功復育。卡那卡那富族族人對黃芋頭充滿種種情感及回憶，不光是口感綿密好吃而已，重點是包含族群認同。

老人們說有一種傳統食物叫做 cunuku，是將小米蒸熟後，加入蒸熟的芋頭或是地瓜、香蕉一起搗爛，做成 cunuku，如果加入芋頭做成的就是芋頭黏糕（tanuku cunuku），在打獵或遠行時會攜帶 cunuku 充作乾糧，能維持一、二天不壞。[24]

姑婆芋的族語是 conu，族人如何利用姑婆芋呢？整理出以下幾項用途：

一、天然的食器：族人到山上打獵、農作，摘取山上林邊的姑婆芋葉子，拿來包裹食物，變成簡易的便當；或折成漏斗狀，在野外當水杯盛裝溪水或泉水飲用；更可包盛獵獲的魚蝦、山肉，變成天然的袋子。[25]

---

22 佐山融吉著、中央研究院民族學研究所編譯，《蕃族調查報告書·第三冊，鄒族　阿里山蕃　四社蕃　簡仔霧蕃》，頁 189。

23 關妙芬，〈江梅惠、江秋美訪談稿〉（2018 年 8 月 3 日，未刊稿）。

24 林曜同，〈孔岳中訪談稿〉（2012 年 9 月 17 日，未刊稿）。

25 邱碧華，〈翁博學訪談稿〉（2019 年 9 月 17 日，未刊稿）。

二、天然的雨傘：下雨的時候，割下姑婆芋的葉柄連同葉子，巨大的葉片變成天然的雨傘！既實用又兼具隨手取材的概念。[26]

三、釀小米酒的酒甕蓋子：過去卡那卡那富族老人們釀小米酒時，她們拿姑婆芋巨大葉片當成酒甕的蓋子，這樣的習慣延續到現在。[27]

四、覆蓋菜園涵養水分：老人們會拿姑婆芋的大葉子，覆蓋在田裡，避免剛播種的幼苗，被陽光曬傷、枯萎，姑婆芋葉子也會自然分解成肥料，即使到現在，老人們還是這麼做，真的是取之於自然，回歸於自然。[28]

五、醫療用途：在野外不小心碰觸了咬人貓、咬人狗，皮膚會產生過敏反應，此時只要取些姑婆芋的汁液塗抹於患處，即可緩解過敏。[29]

貳、芋頭的社會文化功能

芋頭在卡那卡那富族是新生兒的賀禮。耆老孔岳中 2018 年 5 月 5 日在原住民族電視臺播報族語新聞時，提到族人祝賀新生嬰兒誕生，會拿長相最好的芋頭，當成祝賀禮品前往祝賀。[30]

---

26 邱碧華，〈江秋美訪談稿〉（2019 年 5 月 26 日，未刊稿）。

27 關妙芬，〈江朱樹蘭訪談稿〉（2018 年 8 月 5 日，未刊稿）。

28 關妙芬，〈江秋美訪談稿〉（2018 年 8 月 3 日，未刊稿）。

29 邱碧華，〈翁博學訪談稿〉（2019 年 9 月 17 日，未刊稿）。

30 原住民族電視臺，〈新生嬰兒祝福儀式　祈祖先護祐長大〉。檢索日期：2018 年 9 月 6 日。網址：http://titv.ipcf.org.tw/news-38810。

卡那卡那富族傳統的小米播種儀式，耆老與族人會以慎重的態度，先祭告祖靈與大地，而後安靜的播種小米種子，在小米田旁邊，族人也會同時種下芋頭。例如：2018 年 2 月 28 日在女人的田地（usu'uru）舉行的小米播種儀式，族人們就準備芋頭播種，既當主食也是用來保種。

// 文化小字典：usu'uru 女人的田地

報導人江梅惠在《原教界》雜誌有一篇介紹〈「usu'uru：女人的田地」的復育〉，原文如下：

Tamu 告訴我們，以前 Kanakanavu 有一塊地，那塊地不大，卻有各式各樣的農作物，我們婦女很有智慧的耕耘那塊地，所以那些農作物可以供我們終年豐盛食用，又因為男人終年在外面打獵，所以我們不知道也不懂那塊是如何耕耘，但是每當我們找食物時，婦女們總是從土地取出食物，不用擔心餓肚子。

// 小結

對於卡那卡那富族人而言，芋頭是他們的主食，更是重要的作物之一。姑婆芋葉子可作為許多日常生活用品，例如：盛裝食物的餐盤、野外裝水飲用的天然隨手杯、釀小米酒時的酒甕蓋子、或是覆蓋菜園土壤涵養水分、還可緩解咬人貓、咬

人狗帶來的過敏。此外，品項良好的芋頭當成祝賀新生兒的禮品，每年的小米播種祭在小米田旁種下芋頭，這些傳統儀式很容易因時代或生活改變而被遺忘。

　　特殊品種的黃芋頭，是卡那卡那富族才有的 katavang，除了品嚐黃芋頭口感綿密、好吃之外，更多是品嚐過去的回憶；快要絕種的黃芋頭，保種復育過程，隱藏著卡那卡那富族人找尋自身種族的認同感，體認文化延續的必要性，如同過去長輩們以芋頭為主食的生活，再次把卡那卡那富族才有的黃芋頭種回來，就像回復長輩述說以往的回憶一樣，延續老人們的生活與經驗！

圖 3-5　（左）族人採集姑婆芋葉子；（右）以姑婆芋葉包裹食物

// 問題與討論

一、芋頭、姑婆芋在卡那卡那富族的族語名稱分別為何？另外，日本時期族人的主食為何？那時候的食物跟現在族人的主食有無差異？如果有，差別在哪裡？哪些食物族人漸漸不食用？

二、黃芋頭在族語中如何稱呼？它對族人的重要性為何？試說明之。

第六節 Capuku 芒草

// 前言

　　芒草和甜根子草、蘆竹、蘆葦這幾樣禾本科植物，外型看起來很類似，總讓人傻傻分不清，到底能做掃把的是哪一種？蓋屋頂的是？釣魚的是？很熱門的避邪小掃把又是哪一種？還有一種雖然外型和芒草差異頗大，但因有鋪蓋屋頂這個雷同的功能，也常讓人混為一談的是茅草。兩者名稱不同，芒草的族語稱為 capuku，茅草的族語稱為 ru'u。

// 學習目標

一、芒草及茅草在日常生活的各種用途
二、芒草在祭典中扮演的角色

壹、芒草在日常生活的運用

　　在卡那卡那富族芒草的實際運用如下：

一、傳統建築材料：家屋的屋頂最外層是 capuku、粗粗的枝幹是芒草莖（'uring）、屋頂最內層葉片較細窄的是 ru'u，它有防水的功能。'uring 如果夠粗夠好，還可以將好幾根綁在一起做成牆面，早期卡那卡那富族的房子就是這樣蓋

成的。cakʉrʉ 的屋頂也是用 capuku 鋪蓋而成。[31]

二、'uring 除了鋪在屋頂外，還可以將好幾根綁成一束，可以用來取火煮食，尤其以前還沒有手電筒，老人家會把它綁起來，當作照明的火把使用。[32]

三、指標指示方向：行進時為了讓族人知道行進的方向，會將 capuku 的葉子打結，結的頭所指的方向即為正確方向，只要照著走即可；另外遇到岔路時，則直接砍四根 capuku，將莖的前方指向正確的那條路即可。[33]

四、割斷臍帶：削尖的 capuku 就如同現今銳利的臍帶剪，用來割斷臍帶。[34]

貳、芒草的社會文化功能

　　早期小米田是在不同的區域輪耕著，而且土地是大家所共有、共享的。老人家回憶過往的情況，當族人找到適合的地方，不會立刻開墾，而是先用芒草插在四個周邊，打十字結做記號，別人也知道這個地方，已經有某一家、某一個人，他已經預訂了，他要種小米。[35] 在小米田試種區域四周以芒草綁成 X 狀，防止不好的靈及動物進來破壞，等待試種的小米、芋

---

31 劉正元、邱碧華，〈江梅惠訪談稿〉（2018 年 8 月 3 日，未刊稿）。

32 劉正元、邱碧華，〈江梅惠訪談稿〉（2018 年 8 月 3 日，未刊稿）。

33 邱碧華，〈翁博學訪談稿〉（2019 年 9 月 17 日，未刊稿）。

34 佐山融吉著、中央研究院民族學研究所編譯，《蕃族調查報告書·第三冊，鄒族　阿里山蕃　四社蕃　簡仔霧蕃》，頁 196。

35 林曜同，〈孔岳中口述：卡那卡那富田調訪談稿〉（2012 年 9 月 17 日）。

頭、甘蔗發芽後，全家人才開始播種小米。[36]

　　在卡那卡那富族重要祭典，capuku 也是不可缺少的避邪植物。學者林曜同親自參與米貢祭的經驗描述，在米貢祭當天，族人會在社口綁芒草將他們互相打結，叫不好的東西（incu）不要進來：

> 以筆者於 2003 年 8 月 22 日參與在民權村舉行的 mikong 為例，其儀式進行過程為：……每一家的祝福完成之後，長老返回時 cakʉrʉ，緊接著進行結芒驅疫 maru'anivi，族人帶著火把與芒草到聚落 tanasan 入口綁芒草，將它們互相打結。再來，各個家族會把家中的雞牛羊等家禽、家畜，都叫到家屋裡面。在 Kanakanavu 的信仰裡面，認為大地裡面有各種精靈 incu，有好的也有壞的，這些 incu 應該是跟人類分開的，所以族人會在村落裡走一圈，到了入口，把芒草打結起來用意就是要 incu 不要進來。[37]

孔岳中也表示在進行米貢祭之前，要在 cakʉrʉ 周邊插上當日現摘新鮮且已打結的芒草，標示出祭典的範圍，區隔開人與靈的界限。[38]

---

36 陳英杰、周如萍，《卡那卡那富部落史》（臺北：原住民委員會、國史館、國史館臺灣文獻館，2016），頁 263-264。

37 林曜同，〈建構分類與認同——「南鄒」Kanakanavu 族群認同之研究〉（臺北：臺大人類學研究所博士論文，2007），頁 141-142。

38 林曜同，〈孔岳中口述：卡那卡那富田調訪談稿〉（2012 年 9 月 17 日，未刊稿）。

　　河祭是老人家常提及的祭典，近幾年順應生態保育與觀光行銷，進一步發展成為卡那卡那富族的特色祭典，傳統的河祭是家族活動，現在已逐漸成為部落集體的祭典活動。河祭當天，女士在家事先把芒草葉打結，立在男人往溪流經過的路旁，主要是用來避邪趕鬼，在河祭進行時還可用來施巫術。[39]早期部落裡各家族舉行河祭時，也會在選定的河段插上一根capuku做記號，以公開告知這河段已有人選定。[40]

　　新生兒出生的第三天，母親會特地將新生兒抱到戶外，由父親將capuku綁在嬰兒的衣角，為的就是祈求外出時，能不被邪氣所侵犯。[41]部落內有人過世舉行喪禮時，除了會在門口灑燒過的木炭灰燼驅邪，還必須將新鮮的capuku打結放在門口避邪。[42]

∥ 文化小字典

　　傳統上跟小米相關的祭儀包含：開墾祭、播種祭、除草祭、拔摘祭（藜出穗祭）、嚇鳥祭、結實祭、收割開始祭、收割終了祭、米貢祭。

---

39 陳英杰、周如萍，《卡那卡那富部落史》，頁291。
40 邱碧華，〈江秋美訪談稿〉（2018年4月23日，未刊稿）。
41 林曜同，〈建構分類與認同——「南鄒」Kanakanavu族群認同之研究〉，頁168。
42 劉正元、邱碧華，〈藍林鳳嬌、謝林春里、施澎梅訪談稿〉（2018年4月22日，未刊稿）。

// 小結

　　部落裡生長茂密的 capuku，它不只是自然生態的一部分，也是卡那卡那富族日常所需，更是祭儀不可或缺的重要民族植物。部落裡需要整建家屋、整修 cakuru 時，會邀集族人共同協助，一起採收 capuku，趁新鮮時鋪蓋在屋頂上。開墾小米田前會先用 capuku 做記號、標範圍，以隔開不好的東西；每年的河祭，祭司會在河面上左右搖擺 capuku，以召來剛好足夠的魚，祭師還會將芒草以石頭壓著，以標記特定家族的捕魚區；部落裡重要的米貢祭儀中，祭師也會用綁成一束的 'uring 來點火，還會在社口綁上新鮮 capuku，通知眾靈，此處要舉行祭典，請他們不要進來。'uring 平日可當成火把用來照明，也是日常煮食取火工具，在婦女分娩時，將其削尖就是切割臍帶的刀具；舉行喪禮時必須將新採收的 capuku 打結放在門口避邪。Capuku 和部落的生活幾乎是密不可分，是卡那卡那富族重要的民族植物。

圖 3-6　（左）芒草；（右）族人正將芒草打結

‖ 問題與討論

一、芒草在卡那卡那富族的族語名稱為何？另外，它在日常生活中的實際運用為何？

二、族人會以芒草打結用來指示山林中行走的方向，臺灣其他原住民族還會使用哪些類似的方式來指引方向？試比較之。

第七節　Kuaru　紅藜

// 前言

紅藜有穀類紅寶石的美稱，已在 2008 年由林務局委託國立屏東科技大學森林系的研究團隊歷經三年研究後正名為臺灣藜。[43] 一般熟知是熱門的養生穀物，也是臺灣原住民族百年來的傳統作物。在卡那卡那富族它的族語是 kuaru 。族人是如何運用紅藜呢？是作為食物的添加物嗎？還是拿來釀酒的酒麴？

// 學習目標

一、紅藜的重要性
二、使用紅藜祈福、保平安的流程

壹、紅藜的社會文化功能

kuaru 可以在旅途中保平安，當族人要去險峻的地方，只要將 kuaru 放在頭頂上就可以保護他，[44] 讓他在危險的地方穿梭自如，保護他平安歸來。翁坤語氣堅定的告訴我們，kuaru 對卡那卡那富族而言是很重要的植物，他提及以前有個孩子要

---

43 在訪談時報導人都是以族語 kuaru 稱之，在文獻中有些會寫藜實，有些則寫 kuaru 種子，也有直接以 kuaru 稱之，在一般社會中則稱為紅藜，現已正名為臺灣藜。

44 訪談翁坤時，有提及將 kuaru 放在頭頂，是因為頭頂是生命的源頭，只要保護好魔鬼就不會進去了。

去險峻的斷崖，就將 kuaru 種在頭上，以此保佑路途上一切平安，最後安全的歸來。[45] 故事中提及將 kuaru 種在頭頂上，具有一種象徵意義，意思是 kuaru 放在頭頂上，就會有保護的功能，就算走動時掉下去也沒有關係，因為 kuaru 已經轉換成一種祝福，會保護著他。卡那卡那富族人以前去打獵時，也都會進行放 kuaru 的祈福儀式，問老人家如果沒做這個儀式會怎樣？得到的答案是可能會獵不到動物。可見大家都還是遵循傳統，不會輕言改變。根據口述鄰近的布農族並沒有這項風俗，這是卡那卡那富族傳統既有祈福方式，不能隨意放棄。[46]

　　王嵩山的調查裡提到：拔摘祭時正逢出穗成熟季節，在回程的路上要拔 kuaru 葉子，和鋤頭放在籃子裡，回家後以此進行祈禱。[47] 耆老蔡能喜提及在拔摘祭時要帶著水及豬肉去小米田祭拜，另外在工作結束回程的路上，要拔兩根 kuaru 草，將它和鋤頭、裝水的竹器，一起放在籃子裡，回家後還要盪鞦韆，以祈求小米快快長大。[48]

　　佐山融吉的調查曾提及：當日摘的新鮮 kuaru 是祭司使用的法器之一，在吟唱招靈時，須透過透過此物與靈界溝通。[49]

45 劉正元、邱碧華、關妙芬，〈翁坤、翁范秀香、江朱樹蘭、江秀菊、鍾梅芳訪談稿〉（2018 年 4 年 23 日，未刊稿）。

46 劉正元、邱碧華、關妙芬，〈翁坤、翁范秀香、江朱樹蘭、江秀菊、鍾梅芳訪談稿〉（2018 年 4 年 23 日，未刊稿）。

47 王嵩山、汪明輝、浦忠成，《鄒族史篇》（南投：臺灣省文獻會，2001）頁 346-347。

48 蔡恪恕，〈原住民族語料與詞彙彙編　南鄒卡那卡那富語期末報告〉，頁 6-8。

49 佐山融吉著、中央研究院民族學研究所編譯，《蕃族調查報告書．

　　Kuaru 在米貢祭中扮演著重要的角色。王嵩山等人對南鄒堪卡那福（現已正名為卡那卡那富族）的宗教調查中詳細記載，在收藏終了祭時卡那卡那富族人會齊聚於 cakuru，此時由巫師代表領受天神所授予的 kuaru，再由巫師將 kuaru 分送給在場的每一個人，人們拿到天神授予的 kuaru 後，就將它和自家的 kuaru 混合在一起並配帶在身上。接著在儀式進行的過程中，場上的族人再將 kuaru 和各家所帶來的黏糕混合成一大糰，每一個人拿一點黏糕，將它黏在 cakuru 的邊緣上，藉此向小米神祈禱，保佑居所平安與身體健康。再由兩個壯丁，先將 kuaru 放在自己的頭頂上，用來祈求外出時不被不好的東西所傷害，兩名壯丁走到社口，將 kuaru 掛在大門的柱子上，祭品放在柱子下，念完咒語再將 kuaru 灑在地上，以上過程就是進行驅疫祭。[50]

　　施巫術後的 kuaru 要如何處理呢？老人家說如果是放在頭上避邪的，在走動時就任其自行掉到地上；如果是治病或保平安，從巫師那兒取得後，用紅布包起來帶在身上的 kuaru，當不再使用時，就收起來放在抽屜不可隨意丟棄。[51] 如果是巫師拿在手上施巫術的，在儀式結束後，直接灑在當時的地上即可。

第三冊，鄒族　阿里山蕃　四社蕃　簡仔霧蕃》，頁 175。
50 王嵩山、汪明輝、浦忠成，《鄒族史篇》，頁 346-347。
51 邱碧華，〈江朱樹蘭訪談稿〉（2018 年 8 年 5 日，未刊稿）。

貳、日常使用紅藜祈福、保平安的流程

以下為 2018 年 8 月耆老翁坤親自示範族人如何使用藜實祈福的流程：

一、先把採集的 kuaru 放在手上搓一搓，讓 kuaru 和細枝幹分開，才進行祝福儀式。

二、進行祝福儀式時，首先拿 kuaru 在嘴前哈氣，再將嘴巴厥起來發出 chok 的聲音，在此同時將 kuaru 放在被祝福者的頭頂上，這個過程稱做 mariumu。

三、受祝福的人要回應「Haa! Kusu」，表示接收到祝福。

∥ 文化小字典

施巫術時，通常必備三種植物，分別是小舌菊（'avirungai）、紅藜（kuaru）、苧麻繩（ngiri）。

在施巫術時 'avirungai 是用來開始和靈界溝通的連接物；kuaru 是放在需要驅邪者的頭上，用以驅邪祈福；ngiri 則是結束儀式時，用來祝福所有的參與者。

∥ 小結

紅藜在臺灣儼然已經成為養生作物的代名詞，成為炙手可熱的經濟作物。但是在卡那卡那富族的傳統用途裡，kuaru 和吃卻完全沾不上邊，訪談中老人家討論後，很確定地告訴我

們，他們根本不知道kuaru可以吃，[52]而且也不需特別種植，種
小米時它自然就會長出來，現在雖然幾乎看不到小米田了，
但在部落裡仍可看見 kuaru 四處隨意生長著。早期是在外出打
獵，或到險峻的地方，放在頭頂用來避邪、祈福。雖然現在
幾乎不再打獵，但仍保有使用 kuaru 的傳統，當家人外出遠行
時，還是會放在頭頂用來避邪、祈福，保佑外出者能平安順
利。在部落裡還有巫師的時候，kuaru 則是施行巫術時的必備
法器，更是米貢祭時，用來驅疫祈福的必備作物。

圖 3-7 （左）紅藜；（右）傳統以紅藜祈福

52 邱碧華，〈翁坤、翁范秀香、江朱樹蘭、江秀菊、鍾梅芳訪談稿〉
（2018 年 4 年 23 日，未刊稿）、〈江梅惠訪談稿〉（2018 年 8 月 3
日，未刊稿）。

∥ 問題與討論

一、紅藜在卡那卡那富族的族語名稱為何？另外，它在日常使用紅藜祈福、保平安的流程為何？

二、試比較紅藜在不同社會裡不同的用途，這些不同的用途顯示什麼意義？

第八節　Suru　茄苳樹

// 前言

　　臺東縣池上鄉伯朗大道上的金城武樹，吸引無數人如朝聖般到此一遊，你知道它是什麼樹嗎？沒錯，它就是臺灣近年來知名度頗高的茄苳樹。邵族有茄苳樹王庇佑的傳說，另外，臺灣各地漢人聚落也有為數不少的茄苳樹王公，年年接受眾人的膜拜。依據卡那卡那富族部落耆老們的經驗與傳說，綜合起來：茄苳象徵魔鬼聚集的樹。

// 學習目標

一、茄苳樹的傳說與神話
二、茄苳樹在日常生活的運用

壹、茄苳樹的傳說與神話

　　茄苳樹的族語名稱叫做 suru。作者請教耆老翁坤有關茄苳樹的神話，他直率地表示：「那個有鬼啦，魔鬼（'ucu）很喜歡在那邊。」[53] 團隊在翁坤家進行訪談，老人以聲音和手勢，生動地描述魔鬼如何躲在茄苳樹上，會發出什麼樣的聲音。老人們說，他們以前經過茄苳樹下，只要聽到「wei～wei～

---

53 關妙芬，〈翁坤訪談稿〉（2018 年 4 月 23 日，未刊稿）。

wei ～」的聲音，那個聲音就是魔鬼發出的聲音！要小心迴避，附近有魔鬼。而後，再次請教部落老人江朱樹蘭，她點頭輕聲告訴我們：「這是真的，很多老人會說茄苳樹是『魔鬼聚集的樹』，我自己曾聽過 'ucu 的叫聲，是真的！」[54]

　　走訪達卡努瓦部落，可見到族人前庭或後院長著巨大的茄苳樹，族人不因茄苳樹是魔鬼聚集的樹，認為不祥而砍掉它。卡那卡那富族族人認為，世上每樣東西都有靈性，不論是人類、動物、植物，乃至山、河、大地、石頭、草木、器具等，每樣東西都有靈在上面，過去族人習慣一面工作，一面和身旁的山河草木說話。[55] 茄苳樹在卡那卡那富族觀念中雖是魔鬼聚集的樹，但是那只是萬物有靈的一部分，不是不吉祥的樹，族人不會厭惡而砍掉茄苳樹，那只是存在世界裡面的一部分，我不犯你，你不犯我，彼此互相尊敬的意思。

　　有一則神話與茄苳樹有關，神話內容描述卡那卡那富族人的起源，是由茄苳樹葉變化而成的。傳說內容大致說，久遠以前有一對夫妻，妻子名字叫做 Naniunu，當時已經懷孕了。某次丈夫和妻子發生爭吵，丈夫憤而離開只獨留妻子，不久後 Naniunu 生下一個小孩取名 Navialangi，等待 Navialangi 長大後得知父母的過往，安慰母親 Naniunu，今後母子相依為命，並且踢向枷檀樹（sheulu），第一次一踢，樹葉落下紛紛相疊，瞬間疊成了一棟房子。又再度一踢，落葉悉數變成卡那卡那富族族人，Navialangi 成為部落的頭目。中研院重新校譯出版

---

54 闕妙芬，〈江朱樹蘭訪談稿〉（2018 年 8 月 5 日，未刊稿）。

55 闕妙芬，〈江梅惠訪談稿〉（2018 年 8 月 3 日，未刊稿）。

《蕃族調查報告書》，針對卡那卡那富族流傳的這則神話所指枷檀樹（sheulu），校譯者另外有註腳解釋：「sheulu 名稱待確認。本族有樹名 suru（茄苳樹），可能是相同的指涉。」[56] 雖然中研院重新校譯，解釋枷檀樹（sheulu）指涉是茄苳樹，但是只用一條註腳說明茄苳樹葉造人傳說的證據稍嫌薄弱。

用茄苳樹葉造人的傳說，在鄰近的阿里山鄒族也有類似哈莫天神（Hamo）用茄苳樹的果實（有一說用茄苳樹葉）造人的傳說，[57] 上述的二則有關茄苳樹神話故事，可見卡那卡那富族起源的說法，由落下的茄苳樹葉變化而來，類似這樣的起源傳說，因不同的報導人而有不同的版本說法，是茄苳樹造人的傳說是最為特殊之處。

貳、茄苳樹在日常生活的運用

茄苳樹是極具藥用性質的植物，在過去部落中有養牛、羊，每當牲畜拉肚子生病的時候，族人將茄苳葉加芭樂葉煮一大鍋水，連同葉子給牛、羊喝，可以治療牛、羊拉肚子病症。[58] 這是部落老人們的智慧，山上醫療不方便，人生病想找醫生治病得下山，更何況牲畜生病時，找獸醫醫治更是不方便，山上幾乎沒有獸醫可以醫治牲畜。所以老人們以過去傳承

---

56 佐山融吉著、中央研究院民族學研究所編譯，《蕃族調查報告書·第三冊，鄒族　阿里山蕃　四社蕃　簡仔霧蕃》，頁 170。

57 巴蘇亞·博伊哲努（蒲忠成），《台灣鄒族的風土神話》（臺北：臺原，1999），頁 137-138。

58 關妙芬，〈江朱樹蘭訪談稿〉（2018 年 8 月 5 日，未刊稿）。

的經驗，用茄苳葉煮水給牛、羊喝，治療牲畜拉肚子病症。

族人現在運用茄苳葉做為辛香類料理佐料，族人江梅英開設的大地廚房風味餐廳，直接摘取她住家後院茄苳葉，洗淨後當成料理的辛香類佐料，研發出鹽烤茄苳葉臺灣鯛風味佳餚。

‖ 文化小字典

在 Kanakanavu 族，'ucu 泛指一切的神祇。

「'ucu 除了指稱死靈之外，還可以指稱神祇。換言之 Kanakanavu 將神祇與死靈分在同一個範疇。」（林曜同）[59]

「Kanakanavu 的信仰，是萬物皆有靈的泛靈信仰。」（江梅惠）[60]

‖ 小結

卡那卡那富族認為茄苳樹是魔鬼聚集的樹，也流傳卡那卡那富族人起源自茄苳樹葉變化而來的傳說，與鄒族人的哈莫天神用茄苳樹果實造漢人概念相較，類似這樣的造人起源傳說，因不同的報導人而有不同的版本說法，由茄苳樹造人的傳說是最為特殊之處。

然而，茄苳樹葉具有藥性的特色，用來治療牲畜疾病，是

---

59 林曜同，〈建構分類與認同──「南鄒」Kanakanavu 族群認同之研究〉，頁 52。

60 關妙芬，〈江梅惠訪談稿〉（2018 年 8 月 3 日，未刊稿）。

卡那卡那富族人的智慧運用；喜愛茄苳葉的特殊香味，作為料理的辛香佐料，更是讓卡那卡那富族人研發出新的風味佳餚。由此可見，同樣樹種，在不同文化的情境下，顯現出不同的神話，不一樣的喜好與生活運用，都是顯現文化意義差異的表徵。

圖 3-8 （左）茄苳樹；（右）茄苳樹瘤

// 問題與討論

一、試說一則與卡那卡那富族與茄苳樹有關的神話或傳說故事。

二、茄苳樹在各族群的不同社會情境下的文化意義差異為何？試舉例說明之。

第九節　Tavunuvunu　香蕉

// 前言

　　談到香蕉除了旗山、香蕉蛋糕、香蕉冰，還會讓你想到什麼？臺灣素有香蕉王國的美稱，旗山更因為香蕉而頗富盛名。在卡那卡那富族部落的菜園、山邊小徑都能看見香蕉樹的身影，難道香蕉也曾是那瑪夏的經濟作物？還是有其他的用途？走在部落最常看見各家戶前吊掛著一串尚未成熟的香蕉，彷彿是某種特殊的儀式。

　　部落裡的友人說，在卡那卡那富族香蕉族語是tavunuvunu，尚未成熟的青香蕉，也是以 tavunuvunu 稱呼，但已成熟的香蕉則稱之為 nivanga，對族人而言香蕉不只是水果，更是主食之一，同時具有的醫療及文化用途。

// 學習目標

一、香蕉的種類
二、香蕉日常生活的運用
三、香蕉的社會文化功能

壹、部落裡曾出現哪些品種的香蕉

　　卡那卡那富族族人早期在住家、工寮附近一定會種植香蕉，根據老人家說，以前曾有一品種叫做 kaviangai，它果實

很大，未成熟的青香蕉可以烤來吃，也可以搗碎和小米混合做成黏糕（cunuku），它的香蕉蕊裡含有水分很甜，可以直接吸取，在卡那卡那富族算是很好的香蕉，可惜這個品種現在已消失。還有另一種叫 vuruki 的品種，果實小而短，皮很薄，但很甜、很好吃，只要是成熟了，就會摘給孩子吃，不會用來做黏糕，以前老人家最喜歡栽種這個品種，因為它最適合小孩子吃，也已經消失。[61]還有一種族人稱之為魔鬼香蕉，因其滋味不佳，族人並不喜歡吃，通常都是野生動物才會採來吃的。[62]

貳、香蕉的實際運用

佐山融吉調查文章內：「飲食　通常日食三餐，但也不一定如此，有吃兩餐，甚至四、五餐的，完全視勞動量而定。主要食物為粟、蕃薯、香蕉和芋頭。二、料理　通常是將粟、香蕉和蕃薯蒸熟，然後用杵臼搗成麻糬食用。」[63]意即平日的飲食裡，香蕉是很重要的食物之一。青香蕉（tavʉnʉvʉnʉ）有兩種吃法，一種是水煮直接吃，另一種是蒸熟搗碎後，和小米和在一起稱為做成黏糕（cunuku）。[64]以前卡那卡那富族比較少吃飯，都是吃黏糕，尤其是上山打獵，去河流毒魚時，都是帶黏

61 邱碧華，〈翁坤、翁范秀香、江朱樹蘭、江秀菊、鍾梅芳訪談稿〉（2018 年 4 年 23 日，未刊稿）。

62 邱碧華，〈翁博學訪談稿〉（2020 年 1 年 19 日，未刊稿）。

63 佐山融吉著、中央研究院民族學研究所編譯，《蕃族調查報告書‧第三冊，鄒族　阿里山蕃　四社蕃　簡仔霧蕃》，頁 189。

64 邱碧華，〈藍林鳳嬌、謝林春里、施澎梅訪談稿〉（2018 年 4 月 21 日，未刊稿）。

糕便當。[65] 香蕉是製作 cunuku 重要的食材之一，而 cunuku 是從事農耕、漁獵者必備的重要主食之一。當然成熟的香蕉也是日常的水果，族人通常會砍下整弓的青香蕉，隨意吊掛在屋前，讓其自然熟成，隨時可食用。

　　寬大的香蕉葉是襯墊食物、杯盤的好材料，田調期間在部落的大地廚房享用午晚餐時，總會看到這樣的場景：清洗乾淨的水杯、餐碗一個個倒扣在一整片香蕉葉上；顏色金黃、香味四溢的薑黃飯下，也襯著香蕉葉；訪談時老人家也提及米貢祭時在家屋要掛在柱子上的黏糕，還有早期去甲仙時要帶的便當，都是用香蕉葉包裹。[66] 天氣熱時拿幾片香蕉葉鋪在地上，就是最佳的涼蓆，在野外下雨時可拿香蕉葉當臨時的雨具，也可蓋在菜苗上阻隔陽光的曝曬，要澆水時再掀開即可，[67] 當使用過後破損或葉片乾黃，即可回歸大地變成土地的養分，是最佳環保素材。

　　老人家說以前醫藥不發達時，部落裡如果有人肚子痛不舒服，就會拿半熟的香蕉去皮，加水煮成湯，喝了就會很快緩解，而且喝起來很甜很好喝，小孩子很愛。[68] 另外拿香蕉皮白

65 在蔡恪恕，〈原住民族語料與詞彙彙編　南鄒卡那卡那富語期末報告〉（臺北：行政院原住民委員會委託，2001），頁 152-153。

66 邱碧華，〈翁坤、翁范秀香、江朱樹蘭、江秀菊、鍾梅芳訪談稿〉（2018 年 4 月 23 日，未刊稿）。

67 邱碧華，〈翁博學訪談稿〉（2019 年 9 月 17 日，未刊稿）。

68 邱碧華，〈翁坤、翁范秀香、江朱樹蘭、江秀菊、鍾梅芳訪談稿〉（2018 年 4 月 23 日，未刊稿）。

色內面塗抹皮膚，不止防蚊還可止癢。[69]

參、香蕉的社會文化功能

　　日本人佐山融吉的調查中提到，卡那卡那富族提親時的聘禮，女方的回禮，嫁娶時宴客，都要用到 cunuku 。[70] Cunuku 是 Kanakanavu 的傳統食物，除了平日常吃外，在提親、結婚時都會用到，也是部落裡最高級的食物，代表著以豐盛的食物宴客，是尊敬對方的意思。[71] 部落內多位老人家提及，米貢祭時在家屋或 cakuru 的祭盤上都要準備 cunuku，是很重要的祭品，代表著卡那卡那富族傳統的生活方式。[72]

∥ 文化小字典

一、Pepe：直接以小米或糯米蒸熟，搗製而成的黏糕，即一般
　　人熟知的原味麻糬。

二、Cunuku：將地瓜或芋頭或香蕉搗碎後和小米或糯米一起
　　蒸熟，搗製而成的加味黏糕；卡那卡那富族最喜歡的是加
　　香蕉製成的 cunuku 。

---

69 邱碧華，〈翁博學訪談稿〉（2019 年 9 年 18 日，未刊稿）。

70 佐山融吉著、中央研究院民族學研究所編譯，《蕃族調查報告書・
　　第三冊，鄒族　阿里山蕃　四社蕃　簡仔霧蕃》，頁 195。

71 邱碧華，〈藍林鳳嬌、謝林春里、施澎梅訪談稿〉（2018 年 4 月 21
　　日，未刊稿）。

72 邱碧華，〈翁坤、翁范秀香、江朱樹蘭、江秀菊、鍾梅芳訪談稿〉
　　（2018 年 4 年 23 日，未刊稿）。

三、米貢祭（mikong）：卡那卡那富族主要傳統祭典。傳統是
在小米收成入倉後舉辦，大約是 8、9 月的時候，但 2011
年起均在每年 10 月份舉行，主要祭祀對象是地神（Tamu
'Unai），神話中當初部落小米種子是由祂所贈與。

‖ 小結

到那瑪夏實地走訪、深入了解，才知道原來 tavunuvunu
代表著卡那卡那富族傳統的生活方式。族人十分喜愛以小米和
青香蕉混合製成的 cunuku，這是卡那卡那富族特別的食物。
它不但是日常生活的主食之一，且在人生中重要的嫁娶禮俗
上，也扮演著重要的角色，可用來當聘禮及回禮，也是部落裡
的高級食物，以此宴客更是表示此為豐盛的美食，是將對方視
為重要的客人之意；甚至在醫療不發達的年代，青香蕉還肩負
起醫療的重責大任，連平日一般人棄如敝屣的香蕉葉，都能拿
來襯墊食物與包裹外出工作時的便當。

圖 3-9 （左）香蕉；（右）族人會以香蕉葉襯墊食物

// 問題與討論

一、香蕉在卡那卡那富族的族語名稱為何？另外，它在日常生活中的實際運用為何？

二、Pepe 的作法為何？它可以用在哪些祭典上？

第十節 Tuncu 魚藤

// 前言

魚藤是臺灣中低海拔山區及溪流旁，常見的本土藤蔓植物，莖具攀爬性，屬於木質藤本植物，喜好生長在向陽的山坡地。老魚藤的木質莖部，像老樹樹幹一樣，藤莖直徑大到要多人合抱。魚藤的葉子最大特徵，是大型羽狀複葉，形狀近似長橢圓形，剛長出的新葉呈紅褐色，葉片到了晚上會下垂呈現開闊聚攏的現象，出現了植物學所謂的睡眠運動。

魚藤在以漁獵為主的族人生活中扮演著重要角色，利用魚藤捕魚也體現族人的生態智慧，捕魚的過程也呈現集體生活的規則。

// 學習目標

一、魚藤的生長環境及族語名稱
二、魚藤在捕魚的功用及使用過程

壹、魚藤的日常運用

魚藤的族語是 tuncu，因植物根部含有魚藤酮（Rotenone），其具有低毒性能用來捕抓魚蝦。魚藤酮是一種無色、無味、低毒性的結晶化合物，透過反覆搗打魚藤根部，產生白色汁液，讓含有魚藤酮的汁液溶入溪水中，可讓魚蝦暫時麻痺昏迷，不

是立刻死亡，麻痺昏迷的魚蝦過一段時間會自然甦醒。魚藤酮具有低毒性，其毒性是天然化合物會自行分解，不會使生物產生耐藥性，再加上溪水自然稀釋的作用，也不會汙染環境。

　　卡那卡那富族的毒魚法，就是利用魚藤來捕魚，捕魚的步驟：先搗爛、搥打魚藤根部，收集流出的白色汁液在竹筒中，將白色汁液灑到溪水中，可使魚類行動遲緩而易於捕捉，然後反覆搥打魚藤根部再將汁液灑入溪水，直到沒有乳白汁液為止。余瑞明《台灣原住民曹族——卡那卡那富專輯》可見到這項捕魚法的描述：「以石塊將毒藤之根擊碎，以其毒汁注入自上流狹窄處注入溪中，自下流以手網取魚。」[73]

貳、魚藤的社會文化功能

　　卡那卡那富族利用魚藤捕魚時，魚如果順流到其他家族的區域，就不能越界捕抓，引述蔡恪恕訪談耆老蔡能喜的訪談稿：[74]

apacueno cumu'urape vutukuru eesi maacunu nuu apataravaci nia sua eesan'inia.

我們毒魚，魚如果流走了，流到別人的區域就不能去抓了

Ka'ancu aramün kee

他不能追那個魚

---

73 余瑞明，《台灣原住民曹族——卡那卡那富專輯》（高雄：三民鄉公所，1997），頁 17。

74 蔡恪恕，〈原住民族語料與詞彙彙編　南鄒卡那卡那富語〉（臺北：行政院原住民族委員會委託，2001，未出版），頁 66。

mara uici tumukutuuku apa'acun 'inia ara 'inia sua vutukuru.

拿一種草把毒死的魚打一下，魚就會活過來了

Makasuaci makasua sua siputukukeekiu'u mamaarang. Sua
kanakanavu.

以前卡那卡那富就是這樣工作的

Akia sua tia makai marisuacü

沒有人會講說：「這是我的」

　　捕魚方式通常為全社或家族性的活動，所得到的漁獲是參與的族人共享，過程中包含社會分工和家族劃分，例如青壯男子負責挖掘魚藤根，年輕人負責前行追捕較大的成魚；漁獲的分配是由老人統一來分配。所以，魚藤捕魚法不是單純的捕魚而已，而是具有生態、社會、文化的共享河流資源的文化態度。

　　卡那卡那富族對河流的概念是河流為大家的，不屬於某人或是某家族所有的，不能說某河段是我家族所有，別人不可以進來；也不會認為某河段的魚蝦、水藻等水中資源全歸我家族所有，所屬河段的魚蝦、水藻等資源，也是取自己所需，不可以濫捕殆盡。所以，卡那卡那富族對河流的概念是家族對河流具有區域管轄權，而沒有所有權或統治權的。以下引述蔡恪恕訪談耆老蔡能喜的訪談稿的說法：

Kapeepepe kanakanavu aravarisua caküran.

我們都是卡那卡那富，現在調到大河流那邊

Sua caküran tataia ka'ia sua caküran tatiaia. Caküran namasia sua nganaini.

大河流那邊的民族叫做 caküran tatiaia

Sua caküran tataia ka'an tavara'ün tia takaciicin tumuncu si suaisia caküra tatia.

Teekia arupaatuuturunu,

不能在大河流裡隨便毒魚，因為河流是大家的

tekia tumatuncu

毒魚

nakai sua nungungunguia pakasu kavangvang sau nungunungu paapicipicin,

pangürüngürü soovungu

無論……這個小河都給他一樣分別

Canpininga canpininga misei

分成一家一家的

apacueno nuukai canpininga urucin piningaia makasua araukukunu nooteeni

aranungununguia arupaatuuturu.

無論有幾家，都一起開會討論（商量）這個小河要怎麼辦

Nakai ka'an tavara'ü sua tia cumaca'ivi no teci tumatuncuia.

分別了以後，不能說：「那是我的地，你不能過去。」

（不能不准別人經過自己的區域）

Ka'an tavara'ün cumaca'ivi sua eesan

有界限，我們不能過去

透過耆老蔡能喜的話語，能見識到族人對河流的敬重，以及各家族共享河流資源的概念。[75] 尊重河流而不予取予求的觀念，深刻烙印在族人的世代傳承中，表達各家族分段管理河流的觀念，卻不獨占擁有河流資源，所有族人公平的分享漁獲，族人只取生活所需，不隨便濫捕魚蝦，更是尊重各家族組織的社會倫理表現。

// 文化小字典：性別分工

卡那卡那富族的傳統性別分工，不論是捕魚或是打獵，都是男人的事情，女人是不能捕魚或打獵，因為族人認為，男人外出捕魚或打獵，需要耗費較大的體力，而女人則是在部落守護田園，照顧家庭，等待男人帶著獵物歸來。

// 小結

已經過世的耆老翁坤生前曾經語氣堅定地告訴作者：「不要忘記魚藤捕魚的傳統，他的父親以前這樣告訴他，他也一樣告訴他的兒子。」[76] 歷經環境的變化、風災破壞家園，以及環保意識的抬頭，對於現今的卡那卡那富族而言，魚藤不單純是捕魚的相關工具或植物，魚藤更是重要的傳統漁獵文化象徵與

---

75 蔡恪恕，〈原住民族語料與詞彙彙編　南鄒卡那卡那富語〉，頁 65。

76 闕妙芬，〈翁坤訪談稿〉（2018 年 8 月 5 日，未刊稿）。

代表，魚藤象徵族人過去的漁獵生活方式，以及男女分工的社會制度——男人下水捕魚，女人在岸邊撿拾漁獲，這樣的男女性別分工制度，不是性別歧視，而是讓男性以較大的力氣去追捕獵物。此外卡那卡那富族依存河流而生活的文化特徵，傳統漁獵文化展現族人對於大自然的共享態度，自然的資源是大家共有的，山林大地的資源是如此，河川資源更是如此共享。

圖 3-10 魚藤及木質化的魚藤莖部

// 問題與討論

一、魚藤在卡那卡那富族的族語名稱為何？另外，它在日常生活中的實際運用為何？

二、原住民使用魚藤捕魚，在生態上有何意義？

第四章
結論

　　本教材係配合大學部原住民族動植物與文化人類學等課程設計，提供學習者認識卡那卡那富族民族植物。

　　教材一開始從民族植物的定義出發，說明民族植物學的定義及述相關研究成果；其次，作者也概述卡那卡那富族的地理位置、社會現狀及文化特質。第三章部分以小米、山棕、甘蔗、竹子、芋頭、芒草、紅藜、茄苳、香蕉、魚藤等十種植物為例，以民族植物學角度說明這些代表性植物的特性，以淺顯易懂的寫法描述這些植物與卡那卡那富族祭儀、歌謠、神話傳說、建物、醫療、食物、禁忌及超自然、人際往來、族群認同及地名等面向的關係。以地名為例，在那瑪夏大峽谷上方有一處族人生活遺址被命名為 Unu'ana，族語是指有很多聖誕紅生長的地方；達卡努瓦札戈勒附近有一處被命名為 Taru'an tavununga，族語意思就是種香菇（tavununga）的地方。其他諸如咬人貓（pini）、甘蔗（tuvusu）、姑婆芋（conu）、山棕（taruvuku）、綠藻（kunamu）、桃子或李子（mamiiriki）等植物都會列入地名命名，本書對於地名命名的陳述比較少，日後

作者出版專書時會再針對這部分做詳細說明。

　　體例依照前言、學習目標、內容介紹、問題思考等方式編排，每一種植物一開始都有前言，說明特定植物的重要性，註解部分另外匡列，提供相關的資料讓學習者了解社會文化脈絡背景，最後佐以幾題問題思考加深讀者印象。講授者並可以依照問題做進一步與臺灣其他原住民族做跨文化比較，增加思考深度。參考書目內除引註專書及論文外，也提供相關網站供延伸閱讀參考。

　　臺灣南島民族的文化有其差異性及相似性，人類學家重要的任務是在比較這些文化的異同。本教材以卡那卡那富族的植物為例，不只介紹植物與當地社會生活的關係，同時也勾勒臺灣原住民的重要知識價值體系，具有豐富的文化底蘊，將深化臺灣文化的內涵。

參考書目

王嵩山、汪明輝、浦忠成（2001），《鄒族史篇》。南投：臺灣省文獻會。

江梅惠（2018），〈usu'uru：女人的田地的復育〉，《原教界》，81，頁18-21。

佐山融吉著、中央研究院民族學研究所編譯（2015），《蕃族調查報告書‧第三冊，鄒族　阿里山蕃　四社蕃　簡仔霧蕃》。臺北：中央研究院民族學研究所。

余瑞明（1997），《台灣原住民曹族——卡那卡那富專輯》。高雄：三民鄉公所。

林冠岳（2009），〈臺灣原住民的民族植物知識傳承與流失：以魯凱族西魯凱群為例〉。高雄：國立高雄師範大學環境教育研究所碩士論文。

林曜同（2007），〈建構分類與認同——「南鄒」Kanakanavu 族群認同之研究〉。臺北：國立臺灣大學人類學研究所博士論文。

林曜同（2012），〈孔岳中口述：卡那卡那富田調訪談稿〉。

林曜同（2016），〈卡那卡那富祭儀與族群共同體之重構〉，《民俗曲藝》，193，頁63-128。

南部鄒族民歌（2001）〈台灣原住民音樂紀實9〉。臺北：風潮音樂。

陳合進、陳柏霖（2013），〈天然纖維材質布農族文化背包之設計〉《林產工業》，34（2），頁227-236。

陳幸雄（2013），〈卡那卡那富族群文化認同發展歷程——從「other」到「we」〉。臺南：國立臺南大學臺灣文化研究所碩士論文。

陳英杰、周如萍（2016），《卡那卡那富部落史》。臺北：原住民委員會、國史館臺灣文獻館。

鳥居龍藏原著，楊南郡譯註（2012），《探險台灣：鳥居龍藏的台灣人類學之旅》。臺北：遠流。

鹿野忠雄（1946），〈台灣原住民族於數種栽培植物與台灣島民族史的關聯〉，《人類學雜誌》，56（10），頁552-528。

森丑之助原著，楊南郡譯註（2012），《生蕃行腳：森丑之助的台灣探險》。臺北：遠流。

蔡恪恕（2001），〈原住民族語料與詞彙彙編　南鄒卡那卡那富語期末報告〉。行政院原住民委員會委託。

鄭漢文、呂勝由（2000），《蘭嶼島雅美民族植物》。臺北：地景。

鄭漢文、王相華、鄭惠芬、賴紅炎（2004），《排灣族民族植物》。臺北：農委會林試所。

Julian H. Steward 原著，張恭啟譯（1993），《文化變遷的理論》，臺北：允晨文化。

Ambrosoli, Mauro. (1997), *The Wild and the Sown: Botany and Agriculture in Western Europe*, 1350-1850. Cambridge: Cambridge University Press.

Anderson, E. N. (1988), *The Food of China*. New Haven: Yale University Press.

Castetter, E. F. (1944), "The Domain of the American Naturalist." *Naturalist*, 78(774):158-170.

Paul E. (2000), *Ethnobotany: A Reader*. Norman: University of Oklahoma Press.

Harshberger, J. W. (1896), "The Purpose of Ethno-botany." *American Antiquarian*. 17: 73-81.

Niles, Susan A. (1987), *Callachaca: Style and Status in an Inca*

Community. Lowa City: University of Iowa Press.

Yacovleff, E. & F. L. Herrera. (1934), *El Mundo Vegetal de los Antiguos Peruanos*. Lima: Museo nacional.

推薦網址

原住民族文化事業基金會網站。網址：http://hippo.bse.ntu.edu.
tw/~wenlian/plant/plantp/plantp-13.htm。

原住民族委員會網站。網址：https://www.apc.gov.tw/portal/docList.
html？CID=E3439993A7481ADD)。

原住民族語言線上詞典網站。網址：https://m-dictionary.apc.gov.tw/。

原住民族語言研究發展中心千詞表網站。網址：http://ilrdc.tw/
research/athousand/area16.php。

原住民族電視臺。網址：https://www.newsmarket.com.tw/titv/cajan/。

高雄市民政局原住民族人口統計。網址：https://cabu.kcg.gov.tw/Stat/
StatRpts/StatRptC.aspx。

高雄市那瑪夏區公所網站。網址：https://namasia.kcg.gov.tw/
cp.aspx？n=4EB440357F53E6F1。

高雄市那瑪夏區戶政事務所網站。網址：https://namasia-house.kcg.
gov.tw/Default.aspx。

筆記：

筆記：

筆記：

筆記：

■ 國家圖書館出版品預行編目（CIP）資料

卡那卡那富族民族植物 / 劉正元、邱碧華著. -- 初
版. -- 高雄市：國立高雄師範大學語言與文化學士
原住民專班, 2020.06
　　面；　　公分
　ISBN 978-986-98517-9-4 （平裝）

1.卡那卡那富族　2.植物

536.3352　　　　　　　　　　109008337

卡那卡那富族民族植物

初版一刷・2020年6月

語言與文化學士原住民專班教材

作　　者・劉正元、邱碧華

經費來源・原住民族委員會

出 版 者・國立高雄師範大學語言與文化學士原住民專班
　　　　　　地址：802高雄市苓雅區和平一路116號
　　　　　　電話：07-7172930轉2531
　　　　　　傳真：07-7111951
　　　　　　電子信箱：uo@nknu.edu.tw

承　　印・麗文文化事業股份有限公司
　　　　　　地址：802高雄市苓雅區五福一路57號2樓之2
　　　　　　電話：07-2265267
　　　　　　傳真：07-2264697
　　　　　　電子信箱：liwen@liwen.com.tw

定價：160 元